잡석雜石에서 옥석玉石이 되었다가
다시 잡석으로 생을 마치다

스스로를 컨트롤도 못 하는 주제에
팀을 감독한다는 것은 어불성설이다.

베이브 루스에 대한 여론

따뜻한 한마디의 격려는 한 사람의 인생을 완전히 변화시키는 힘을 갖는다. 격려를 받게 되면 자신 없어 하던 일에도 자신감이 생기고, 긍정적인 생각으로 가득 차게 된다.

왜 그럴까. 격려를 받는 순간 엔도르핀이 온몸을 따스한 기운으로 감싸 마음이 즐거워지기 때문이다. 마음이 즐거워지면 생각도 즐거워지고, 몸도 날아가듯 가벼워진다. 몸과 마음이 즐거우니 그 어떤 것도 잘할 수 있겠다는 자신감이 든다. 이를 잘 알게 하듯 격려를 받고 자란 아이와 비난을 받고 자란 아이는 성장해서 완전히 차이를 드러낸다. 격려를 받은 아이는 자신이 원하는 삶을 사는 반면 비난을 받은 아이는 거칠고 폭력적으로 변함으로써 불행한 삶을 살게 된다. 격려는 한 사람의 인생을 옥석玉石이 되게 하지만, 비난은 한 사람의 인생을 잡석雜石이 되게 한다.

그런데 옥석이 된 사람 중에는 자신의 근본을 버리지 못하고 –성공한 인생임에도– 다시 잡석으로 돌아가는 이들이 있다. 이는 문제 있는 자신의 성격을 다스리지 못한 결과이다.

1914년 미국 메이저리그 보스턴 레드삭스에 입단하여 투수와 타자로서 눈부신 활약을 펼쳤던 베이브 루스는 좌완 투수로 자신의 진면목을 보여 주었다. 하지만 그는 타격에 더 뛰어난 재능을 보임으로써 타자로 전향했다. 투수로서의 그의 성적은 94승 68패 방어율 2.28을 기록했다.

타자가 된 베이브 루스는 뛰어난 타격 감각으로 홈런에 독보적인 기량을 과시하며 보스턴 레드삭스를 3번이나 월드시리즈 우승의 자리에 올려놓았지만 뉴욕 양키스로 트레이드되었다. 뉴욕 양키스에 트레이드된 베이브 루스는 자신의 진가를 유감없이 보여 주며 뉴욕 양키스를 명문구단으로 거듭나게 했다.

베이브 루스는 1914년부터 1934년까지 22시즌 동안 12번의 홈런왕에 올랐으며, 1935년 은퇴할 때까지 통산 714개의 홈런과 2,217타점, 3할 4푼 2리의 타율을 기록했다.

베이브 루스는 1936년 명예의 전당에 헌액되었고, 1948년 그의 등번호였던 3번은 영구 결번이 되었다. 이로써 그는 메이저

리그의 전설이 되었다. 베이브 루스는 은퇴 후 감독이 되길 원했으나 감독이 되지 못했다. 그 이유는 그의 문란한 사생활과 거친 성격으로 자신을 관리하는 데 실패했기 때문이다. 그는 지나친 음주를 하는가 하면 기자에게 막말을 일삼고 폭행을 가하는 등 특급 선수로서의 인품은 거친 야생마와 같았다.

"스스로를 컨트롤도 못 하는 주제에 팀을 감독한다는 것은 어불성설이다."

이는 베이브 루스에 대한 여론이었다. 그는 뛰어난 선수임에도 감독은 하지 못한 채 생을 마치고 말았다.

베이브 루스는 어린 시절부터 좋은 말보다는 남에게 상처 주는 말과 비난을 일삼았다. 게다가 욕은 어찌나 잘하는지 그의 주변에는 아무도 가려고 하지 않았다. 그의 부모는 그를 불량청소년 교육기관인 세인트 메리 공업학교에 들어가게 했다. 그는 학교에서 제멋대로 굴었다. 완전 청개구리였다.

"너 그렇게 컸다가는 부랑자밖에 안 된다."

교사들은 그에 대해 이렇게 말하며 고개를 흔들어 댔다. 그는 점점 더 거칠어지고 난폭해졌다.

그런데 그의 거친 손을 잡아 준 교사가 나타났다. 그는 마티어스라는 사제였다. 거친 말과 행동으로 주변 사람들은 물론 교사들로부터 문제아로 낙인찍혔던 그는 마티어스 신부를 만나 야

구로 대성했다. 하지만 그의 삶은 안타깝게도 자신의 거친 성격
으로 인해 반쪽짜리 성공 인생으로 끝나고 말았다.

성공한 사람들 중에는 거친 말과 바르지 못한 행동으로 지탄의 대상
이 된 이들이 있다.
참으로 비감한 일이 아닐 수 없다.
거친 말과 행동을 삼가야 한다.
아무리 성공을 했다 하더라도 자신을 다스리지 못하면 진정한 성공
이라고 할 수 없다.
진정한 성공은 사회적인 성공과 더불어 뛰어난 인품이 함께하는 것
이다.

황제를 비판했다
혼쭐이 난 수상

황제 폐하, 독일이나 영국 사람들은
소신이 이런 말을 할 수 있는 위치에 있는
사람으로는 보지 않을 겁니다.

반 브로우

사람은 누구나 칭찬해 주는 것을 좋아한다. 칭찬을 듣는 순간 기분이 상승하며 자신의 우월감을 드러내는 듯한 감정에 젖기 때문이다. 칭찬의 효과가 얼마나 큰지 《왕자와 거지》의 작가 마크 트웨인은 "나는 칭찬 한마디로 두 달을 살 수 있다"고 말했다.

그러나 비판은 누구나 싫어한다. 비판을 듣게 되는 순간 기분이 다운되며 감정이 상한다. 비판은 자신의 단점을 지적당하는 기분이 들게 한다. 마치 열등의식에 사로잡힌 듯 자존심을 상하게 하기 때문이다.

미국의 탁월한 자기계발 동기부여가인 데일 카네기는 비판에 대해 이렇게 말했다.

"비판은 자존심을 상하게 한다."

그렇다. 비판은 자존심을 상하게 함으로써 인간관계를 악화시킨다. 비판을 삼가야 할 까닭이 여기에 있는 것이다.

독일의 빌헬름 2세가 황제로 집권할 때 일이다. 빌헬름은 막강한 군사력을 바탕으로 하여 자신을 과신했다. 그는 대중 앞에서 엄포를 놓았다. 그것도 영국에 초대를 받아 간 자리에서 말이다.

그는 〈데일리 텔레그래프〉지와의 회견에서 말하기를 자신은 영국을 친절하게 대하는 유일한 독일인이라고 했다. 그리고 일본을 제압하기 위해 해군력을 기르고 있다고 말했다. 또한 자신이 러시아와 프랑스의 압제하에서 신음하는 영국을 구해줄 수 있는 유일한 사람이라고 말했다. 이 일이 알려지자 영국을 비롯한 러시아와 프랑스 등 유럽 각지에서는 불쾌감을 표시하며 감정을 드러냈다. 뿐만 아니라 독일의 정치인들도 놀라워했다.

뜻밖의 반응에 놀란 사람은 빌헬름이었다. 자신의 말이 그렇게 큰 파장을 일으킬 줄을 몰랐다며 이 모든 책임을 왕자이자 수상인 반 브로우에게 돌렸다. 그러자 반 브로우는 이렇게 말했다.

"황제 폐하, 독일이나 영국 사람들은 소신이 이런 말을 할 수 있는 위치에 있는 사람으로는 보지 않을 겁니다."

반 브로우 말에 빌헬름 황제는 불쾌감을 드러내며 큰 소리로 말했다.

"뭐라! 너는 나를 네가 범할 수 없는 큰 실수나 하는 바보라고 여기는구나."

"황제 폐하, 소신의 불충을 용서하십시오. 저는 여러 면에서 폐하를 존경합니다. 폐하께서는 해군과 육군에 관한 지식은 물론 과학에 대해서도, 무선 전신에 대해서도 해박한 지식을 갖고 계시는 것을 알고 있습니다. 황제 폐하께 비하면 소신은 역사에 대해 외교에 대한 지식을 조금 갖고 있을 뿐입니다."

황제가 노여워하자 반 브로우는 이렇게 말하며 그의 눈치를 살폈다. 반 브로우의 말을 듣고 황제는 미소를 띤 채 말했다.

"그렇게 생각한다니 짐의 마음이 흡족하구나. 알았으니 나가 보거라."

"네, 폐하."

위급한 상황을 기지로 모면한 반 브로우의 등에서는 식은땀이 주르르 흘러내렸다. 자칫하면 목이 달아나거나 수상 자리에서 내침을 당할 뻔했기 때문이다. 그 일이 있은 후 반 브로우는 빌헬름 황제 앞에서는 각별히 조심 또 조심했다.

빌헬름 황제는 자신이 잘못한 말로 인해 유럽 각지로부터 비난을 사자 그 책임을 왕자인 반 브로우에게 지게 했다. 이에 반 브로우는 자신의 입장을 표명했으나 황제의 노여움만 샀다. 위급함을 느낀 반 브로우는 황제의 비위를 맞춤으로써 위기를 모면했다는 것을 알 수 있다.

같은 말도 대상이 누구냐에 따라, 상황이 어떠냐에 따라 달리해야 한다. 그 대상이 권력자거나 성미가 까다로운 상사라면 더더욱 달리해야 한다. 그렇지 않으면 아무리 옳은 말을 해도 해가될 뿐이다. 특히 그 말이 비판적이라면 문제는 아주 심각해진다. 그들의 자존심을 건드림으로써 위태로울 수 있기 때문이다. 이렇듯 잘못한 말 한마디는 인생에 화근이 될 수도 있다는 것을 깊이 유념해야 하겠다.

━━━ 마음에 새기면 좋을 인생 포인트 ━━━

말처럼 쉽고, 조심스러운 것은 없다.
말은 자신의 생각을 쉽게 전달할 수 있으나, 잘못하면 큰 화를 입을 수 있다. 말을 할 땐 상대방에 따라 상황에 따라 해야 한다.
특히 비판적이라면 더욱 유념해야 한다.
그것은 자신의 인생을 돌이킬 수 없는 길로 빠지게 할 수 있기 때문이다.

아들을 패륜아로 만든
부정적인 부모의 말 화살

너 지금 뭐 하는 거야. 반성을 해도 시원찮을 놈이 술이나 퍼마시고.
너 같은 도둑고양이는 집에 둘 수 없어.
꼴도 보기 싫으니 지금 당장 나가!

아들을 패륜아로 만든 아버지의 말

같은 말도 어떻게 하느냐에 따라 자식에게 미치는 영향은 다 다르다.

"아들, 이거 한번 해 보는 게 어떻겠니?" 하고 부드럽게 말하는 거와 "아들, 이거 한번 해 봐!"라고 명령조로 딱딱하게 말하는 것은 큰 차이가 있다. 먼저 부드럽게 하는 말을 들은 아이는 "알았어요. 한번 해 볼게요"라고 거부감 없이 말할 것이다. 그러나 명령조로 딱딱하게 하는 말을 들은 아이는 마지못해 "알았어요. 해 볼게요" 하고 퉁명스럽게 말하거나 "아니요. 전 못 하겠어요"라고 말할 것이다.

같은 말도 부드럽고 다정하게 하는 것이 더 효과적이다. 부드럽고 다정하게 하는 말에서는 인격을 존중해 주는 배려와 사랑의 마음을 느낄 수 있기 때문이다. 하지만 명령조의 딱딱한 말은 듣는 순간 억압당하는 느낌을 받게 된다. 그러다 보니 자신도 모르게 언짢은 기분이 들게 되고, 퉁명스럽게 말하게 되는 것이다.

일본에서 있었던 이야기이다.

재수생인 아들이 하라는 공부는 안 하고 놀러나 다니니 부모의 마음은 여간 불편한 게 아니었다. 그러던 어느 날이었다. 아버지가 대금을 결제하려고 카드를 찾으니 카드가 없었다.

"어, 이게 어떻게 된 거지? 분명히 있었는데."

아버지는 당황해하며 말했다. 그러고는 이내 "카드가 있는 줄 알았는데 집에 두고 온 것 같습니다"라고 말하며 가게 주인에게 양해를 구했다. 집으로 돌아온 아버지는 아내에게 카드를 보았느냐고 물었다. 아내는 보지 못했다고 말했다.

"도대체 카드가 어디로 갔단 말인가."

아버지는 이렇게 말하며 곰곰이 생각하고 또 생각했다. 그런데 아들 짓이라는 게 밝혀졌다. 아들이 아버지 몰래 카드를 훔쳐 무려 100만 원이나 찾아 쓴 것이다. 아버지는 호되게 아들을 야단쳤다. 자신이 잘못한 줄을 알지만 아버지의 호된 꾸지람에 아들은 몹시 속이 상해 자기 방에 들어가 술을 마셨다. 그런데 갑 자기 아버지가 문을 열고 들어오다 아들이 술 마시는 모습을 보게 되었다.

"너 지금 뭐 하는 거야. 반성을 해도 시원찮을 놈이 술이나 퍼마시고. 너 같은 도둑고양이는 집에 둘 수 없어. 꼴도 보기 싫으니 지금 당장 나가!"

아버지는 입에 담지 못할 폭언을 하며 아들을 발로 걷어차고 마음에 깊은 상처를 주었다. 그런데 그때 그 모습을 보게 된 어머니도 아들에게 소리치며 말했다.

"저런 못된 녀석 같으니라고! 넌 형편없는 인간이야! 내가 저런 걸 아들이라고 낳았으니."

아들은 어머니의 말을 듣고 자리에서 벌떡 일어나 밖으로 나갔다. 잠시 후 집으로 들어온 아들 손에는 야구방망이가 들려져 있었다. 아버지를 노려보는 아들의 눈은 분노로 이글거렸다.

"너, 지금 야구방망이를 들고 뭐 하는 거야?"

아버지가 소리치며 말하자 아들은 다짜고짜 야구방망이로 아버지를 가격했다. 순간 아버지는 쓰러지고 말았다. 소리를 듣고 어머니가 방에서 나오자 아들은 어머니를 향해서도 야구방망이를 휘둘렀다. 순식간에 벌어진 일이었다. 결국 아버지와 어머니는 둘 다 숨을 거두고 말았다. 아들은 경찰에 연행되었고, 인생을 활짝 꽃피우기도 전에 차가운 철창에 갇히는 신세가 되었다.

행복하고 평화로워야 할 가정이 부모의 말 한마디로 인해 완전히 풍비박산이 되고 말았다. 평소에 못마땅한 아들을 야단치는 과정에서 입에 담기 거북한 말을 하는 바람에 아들은 이성을 잃고 부모를 죽인 이 사건은 함부로 내뱉는 말 한마디가 얼마나 무서운 불행을 몰고 오는지를 잘 알게 한다.

아들은 내 자식이기 전에 한 인격체이다. 만일 이야기 속의 부모가 이를 잘 알고 대처했더라면 이런 불행은 일어나지 않았을 것이다.

마음에 새기면 좋을 인생 포인트

아들을 훈육하는 것도 함부로 해서는 안 된다.
내 자식이기 전에 하나의 인격체이기 때문이다.
따라서 아들이 이성적으로 생각할 수 있도록 차분히 이야기하는 것이 좋다.
아무리 나쁜 짓을 한 아들도 부모가 자신을 진정으로 위한다는 것을 알게 되면 얼마든지 좋은 아이로 변화할 수 있다.
사랑과 인내심, 이것이야말로 아들을 바르게 바꿀 수 있는 최선의 방책이다.

44

지나친 걱정은
두려움을 부른다

"당신 말대로 보장은 없어요. 하지만 실패를 두려워해서는 안 됩니다.
그것은 배우로서 내 인생은 이제 끝이야"라고 말하는 거와 같습니다.
두려워하지 마세요. 공포를 느끼더라도 부딪치세요.

배우 모리스 슈발리에 담당 의사

살아가면서 정도의 차이만 있을 뿐 누구나 걱정을 한다. 걱정이 없다면 조심성을 상실하게 되어 그것이 오히려 화가 될 수 있고, 너무 지나치면 큰 화를 부르게 된다.

기인지우杞人之憂라는 말이 있다. '기나라 사람의 쓸데없는 걱정'이란 말로 걱정하지 않아도 될 일을 사서 하는 것을 뜻하는 말이다. 쓸데없이 걱정을 하게 되면 습관이 되고 그것이 지나치면 자신을 불안하게 만든다. 마음이 불안하면 충분히 할 수 있는 것도 자신감을 잃게 되고 자신을 실패자라고 믿게 된다. 이런 상태에서는 그 어느 것도 제대로 할 수 없다. 지나친 걱정이 얼마나 사람을 약하게 하는지를 잘 알게 하는 이야기이다.

영화 〈파리의 순진한 사람〉, 〈사랑의 퍼레이드〉로 유명한 프랑스 출신의 뮤지컬 배우이자 영화배우인 모리스 슈발리에. 그는 뮤지컬이 영화의 한 장르로 자리를 굳히는 데 크게 기여했다. 그의 트레이드마크는 지팡이를 들고 모자를 삐딱하게 쓴 채 과장된 프랑스의 억양으로 말하는 것이다. 그는 멋진 신사의 이미지로 국제적인 명성을 얻음으로써 미국의 할리우드에 진출하여 성공적인 배우 인생을 살았다.

그런데 그는 한때 지나친 무대 공포증에 시달렸다. 그가 한참 주가를 올리던 때였는데 그는 '혹시라도 실수를 하면 어떡하지'라는 걱정에 사로잡혔다. 자칫하면 그동안 쌓은 인기를 하루아침에 잃을까 염려가 되었던 것이다. 걱정에 사로잡힌 그는 무대에 오르는 것이 두려워졌다. 그러다 보니 신경이 날카로워지고 극도로 예민해졌다.

'아, 이러다 내 인생이 끝나는 것은 아닐까.'

그는 이렇게 생각하며 자신을 괴롭혔다. 몸도 마음도 점점 쇠약해져 갔다. 그는 이러다가는 안 되겠다 싶어 병원을 찾았다.

"나는 패배자입니다. 실패를 할까 너무 두려워요. 내게 미래란 이세 없습니다."

슈발리에는 흐느끼며 의사에게 말했다.

"그렇지 않습니다. 당신은 패배자가 아닙니다. 당신이 그렇게 생각하기 때문에 그런 생각을 하는 것입니다. 당신이 두려워하는 걱정으로부터 빠져나오게 된다면 당신은 충분히 멋지게 성공할 수 있습니다."

의사는 이렇게 말하며 슈발리에에게 용기를 북돋워 주었다. 하지만 너무나 걱정에 사로잡힌 그는 좀처럼 치료 효과가 없었다.

어느 날 진료를 하던 의사가 그에게 말했다.

"슈발리에 씨, 동네의 작은 무대에서 소수의 관객을 앞에 두고 연기를 해 보세요. 그러면 무대 공포증을 이겨 내는 데 큰 도움이 될 겁니다."

"과연 그게 잘될까요? 저의 정신상태가 이상해지지는 않을까요? 그런 보장을 할 수 있나요?"

슈발리에는 이렇게 말하며 의사를 바라보았다.

"당신 말대로 보장은 없어요. 하지만 실패를 두려워해서는 안 됩니다. 그것은 '배우로서 내 인생은 이제 끝이야'라고 말하는 거와 같습니다. 두려워하지 마세요. 공포를 느끼더라도 부딪치세요."

의사의 말에 용기를 얻은 슈발리에는 동네의 작은 무대에서 연기를 했다. 무대에 올랐을 때는 두려움이 앞섰지만 꾹 참고 했다. 그러자 사람들이 박수를 쳐 주었다. 그때 슈발리에는 두려움을 극복하지 못하면 영화배우로서의 인생은 끝이라고 생각하며 두려움과 맞서기로 했다.

"공포심은 영원히 극복할 수 있는 것은 아닙니다. 그러나 나는 공포심을 받아들였고, 공포를 느끼면서도 나의 배우 인생을 포기하지 않았습니다. 그 결과 나는 멋지게 공연을 할 수 있었습니다."

슈발리에는 지난날을 회상하며 이렇게 말했다. 그가 무대 공포에 질려 두려워할 때는 실패자처럼 말하고 행동했지만 공포와 맞섬으로써 세계 영화사의 한 페이지를 장식하는 영화배우가 될 수 있었다.

쓸데없는 걱정에 사로잡혀 "나는 할 수 없어", "나는 너무 두려워"라고 말하는 것은 자신을 실패자로 만드는 일이다. 이런 생각에 사로잡혀 있다면 더 깊어지기 전에 빠져나와야 한다. 누군가의 성공은 수없는 실패를 딛고 이룬 것임을 잊지 말아야 할 것이다.

마음에 새기면 좋을 인생 포인트

사서 하는 걱정은 자신을 겁쟁이로 만든다. 걱정에 매이지 않는 가장 좋은 방법은 걱정에 사로잡히지 않는 것이다.

실패해도 다시 하면 된다는 생각을 갖고 적극적으로 도전하면 걱정도 저 멀리 도망가고 만다.

그렇다. 아무 짝에도 쓸모없는 걱정은 쓰레기통에 던져버리고 긍정으로 생각하라.

발칙한 말 한마디로
인생의 종말을 맞다

동궁은 노론, 소론을 알 필요가 없으며
병조판서, 이조판서에 누가 좋을지 알 필요가 없으며,
또한 조정의 일은 더욱 알 필요가 없나이다.

홍인환

물질이나 권력, 자신의 능력을 바탕으로 오만방자하게 구는 사람들을 종종 보게 된다. 아무에게나 무례를 일삼고, 매사에 자기 멋대로 굴어 사람들에게 손가락질을 받는다. 이런 부류의 사람은 예전에도 있었고, 현재에도 있으며 미래에도 있을 것이다. 시대가 변화하고 사회구조가 바뀐다고 해도 이런 부류의 사람은 있기 마련이다. 사람이란 존재는 허점이 많고, 그런 만큼 많은 문제를 안고 있다는 방증이다.

더구나 자신의 힘을 믿고 윗사람에게 함부로 말하고 발칙하게 군다면 그것을 곱게 봐줄 사람은 어디에도 없다. 설령, 지금은 힘이 없어서 참고 있지만 힘이 생길 땐 자신이 당한 것을 반

드시 되갚아 주려 할 것이다. 역사는 그것을 잘 보여주고 있다.

　조선의 임금 중 세종과 더불어 개혁과 혁신의 아이콘이라고 할 수 있는 임금으로 정조를 들 수 있다. 정조는 어려운 여건 속에서도 나라와 백성을 위해 반대 세력의 끊임없는 견제에도 자신의 뜻을 굽히지 않고 임금으로서의 왕도정치 구현에 힘썼다. 다만 아쉬운 것은 자신이 세운 뜻을 온전히 이루지 못하고 마흔아홉이란 나이에 세상을 떠난 것이다.

　정조의 할아버지인 영조는 아들인 사도세자를 못마땅하게 여겨 죽음에 이르게 했지만, 손자인 정조는 끔찍이도 애지중지했다. 정조의 아버지인 사도세자가 죽고 나서 사도세자의 편인 시파와 반대파인 벽파로 갈라졌다. 벽파는 권력을 쥐고 조정의 요직을 두루 차지했으며, 세손인 정조를 끊임없이 견제하고 주의를 기울였다. 세손인 정조에게 잘못이라도 발견되면 세손의 자리에서 끌어내기 위해 혈안이 되었다. 한 마디로 세손의 자리는 거센 풍랑이 휘몰아치는 일엽편주一葉片舟와도 같았다. 세손은 언제 어떤 일을 당할지 몰라 늘 불안하고 초조한 나날을 보냈다. 그런 가운데 세손의 나이는 20세에 이르렀고 할아버지 영조는 80세가 넘어 기력이 쇠했다. 세손인 정조가 무사히 왕위에 오르기를 누구보다도 갈망했다. 자신이 떠나면 세손이 위험해질 수 있으니, 할아버지인 영조의 근심은 산처럼 높고 바다보다도 깊었다.

"세손은 노론, 소론과 남인, 북인을 알고 있느냐? 나라의 일과 조정의 일이 어떠한지, 병조판서에는 누가 좋을지, 이조판서는 누가 좋을지를 아느냐?"

어느 날 영조는 세손에게 물었다. 그런데 영조의 말이 채 끝나기도 전에 옆에 있던 홍인환이 말을 가로막고 나섰다.

"동궁은 노론, 소론을 알 필요가 없으며 병조판서, 이조판서에 누가 좋을지 알 필요가 없으며, 또한 조정의 일은 더욱 알 필요가 없나이다."

이는 영조와 세손을 얕잡아보고 하는 말이었다. 신하 된 자가 무엄하게 임금의 말을 딱 잘라 말한다는 것은 간이 배 밖으로 나오지 않는 한 할 수 없는 일이다. 그만큼 임금과 세손을 우습게 여긴 것이다. 이때 세손은 아무런 말도 못 하고 물러 나왔다. 그때 영조의 심사는 이루 말할 수 없이 불편했다. 자신은 나이가 많아 언제 떠날지 몰라 세손을 지켜주기엔 너무 힘이 없었다. 영조는 83세에 세상을 떠나고, 다행히도 세손인 정조가 즉위했다.

왕위에 오른 정조의 첫 번째 목표는 아버지인 사도세자의 명예를 회복하는 것이었다. 정조는 사도세자의 호칭을 장헌세자로 받들었으며, 지난날 함부로 굴었던 홍인환의 잘못을 엄히 물어 귀양 보냈다.

할아버지인 영조와 세손인 자신에게 권력을 믿고 함부로 말하고 무례하게 군 것에 대해 잊지 않고 엄벌에 처한 것이다. 홍인환은 자신의 세 치 혀를 함부로 놀린 대가를 톡톡히 치렀다.

힘 있는 자리에 있게 되면 거들먹거리며 자신의 위세를 나타내려고 함부로 구는 경우가 많다. 특히, 소인배의 근성을 지닌 몰지각한 이들이 그러하다. 홍인환이 영조와 세손 앞에서 무엄 발칙하게도 혀를 함부로 놀려댔다는 것은 그가 얼마나 무례한 자인지를 잘 알게 한다.

사필귀정이라고 했다. 함부로 굴어 잘못을 저지르면 그 대가를 치르는 것이 백번 마땅하다. 그런데 그 사실을 잊고 함부로 군다는 것은 무릇 그 사람의 됨됨이가 형편없음을 스스로 자인하는 거와 같다고 하겠다.

마음에 새기면 좋을 인생 포인트

권력을 쥐거나 많은 부를 가진 자들 중에 무례하게 구는 이들이 많은 것은 권력과 물질로 자신의 존재를 드러내기 때문이다.
이런 행위는 스스로를 감옥에 가두는 것과 같다.
그런 사람을 계속 보아 넘길 사람은 그 어디에도 없다.
익은 벼가 고개를 숙이는 이치를 모르는 까닭이다.
그렇다. 그런 까닭에 언제나 겸손하고 예의 있게 행동하라.

46

자신이 쏜 말 화살에
과녁이 되어 맞다

클린턴은 비도덕한 사람이다.
그런 그가 대통령의 자격이 있는가.
더 이상 그 자리에 머물지 말고 내려와야 한다.

뉴트 강그리치

정치인들 중엔 대중에게 자신의 이름을 각인시키기 위해 여과 없이 생각이 시키는 대로 말하는 사람들이 있다. 이런 말들은 아이러니하게도 때에 따라서는 대중들에게 먹혀들어 그 말을 한 당사자가 부각되는 경우가 있다. 이런 현상은 우리나라나 미국이나 그 어느 나라에서도 종종 볼 수 있는 현상이다. 그런데 그렇게 해서 부각된 인기는 어느 시점에 가서는 서서히 내리막 길을 걷고 자신 역시 자신이 했던 말의 감옥에 갇히고 만다. 자신이 쏜 말 화살에 자신이 과녁이 되어 맞음으로써 역사의 뒤안 길로 사라지고 만다.

미국의 정치가이자 하원의장을 지낸 뉴트 강그리치. 그는 공화당 의원으로 활동하면서 1988년 민주당 출신의 짐 라이트 하원의장을 공격했다. 짐 라이트의 약점을 들춰가며 신랄하게 비판했다. 그리고 나아가 특별검사 임명을 강력하게 주장하여 대중들에게 강력한 인상을 심어주었다. 짐 라이트는 하원의장직을 내놓고 물러났다. 강그리치는 하원 원내총무로 선출되었으며 자신의 입지를 다져 나갔다.

1993년 빌 클린턴이 대통령에 취임한 후 사사건건 비판을 퍼부었다. 그리고 1994년 공화당은 하원 선거에서 민주당을 누르고 40년 만에 승리했는데, 그의 힘이 크게 작용했다. 강그리치는 미국의 변화를 몰고 올 정치인으로 크게 주목받았으며 1995년 하원의장으로 선출되었다.

강그리치는 빌 클린턴 대통령과 그의 비서인 르윈스키와의 부적절한 관계를 끊임없이 물고 늘어지며 자신을 부각시키는 데 역점을 두었다.

"클린턴은 비도덕한 사람이다. 그런 그가 대통령의 자격이 있는가. 더 이상 그 자리에 머물지 말고 내려와야 한다."

강그리치는 연일 이를 부각시키며 공격을 퍼부었다. 그는 자신을 두드러지게 하기 위해 막말을 일삼았다. 그러나 그 역시 많은 문제를 안고 있었다. 권력의 맛에 길들여진 그 또한 정치인으로서 해서는 안 되는 일들을 서슴지 않았다. 권력의 맛은 정신이 멀쩡한 사람도 때론 정신병자처럼 행동하게 한다. 권력의 맛은 마약과도 같다. 강그리치는 권력이란 마약에 길들여져 있었다. 그 또한 부적절한 일을 아무렇지도 않게 저질렀으며, 비리에 연루되었던 것이다. 결국 그는 그 일로 하원의장직에서 밀려나고 말았다.

강그리치가 자신의 이름을 세상에 부각시키게 된 계기는 민주당 출신 하원의장인 짐 라이트를 몰락시키고서였다. 그런데 그 또한 똑같은 일로 비난을 사며 하원의장직에서 물러났던 것이다.

그랬던 그가 2012년 공화당 대통령 후보로 나섰다. 후보 검증 때 미국 국민들의 분노를 사게 되어 지탄을 받고 대통령 후보 경선에서 탈락했다. 그는 19세 때에 고등학교 은사인 재키 배틀리와 결혼했으나, 매리앤 긴터라는 여자를 만나면서 이혼을 했다. 그런데 이혼 과정에서 전처는 암 투병 중이었는데 강그리치는 이혼서류를 들고 병원으로 찾아가 서명할 것을 요구한 일이 알려지게 되었다. 이 일이 알려지자 많은 사람들은 "인간의 탈을 쓰고 어떻게 그럴 수 있느냐"며 비난을 퍼부었다.

강그리치는 세 번 결혼해 두 번 이혼했는데 이혼의 이유가 부적절한 관계였으며, 그래 놓고 자신이 먼저 이혼을 요구했다는 사실이다. 그처럼 부도덕하고 타락한 정치인인 그가 막말을 일삼고 상대방을 곤경에 빠트리게 했지만 그는 자신이 날린 말 화살에 과녁이 됨으로써 비난의 대상이 되었다.

　말을 할 땐 신중하게 해야 한다. 기분 내키는 대로 말하거나 화가 난다고 해서 막말을 해대는 것은 스스로를 세상과 단절시키는 행위이다. 더구나 자신의 잘못을 가리고 함부로 말을 퍼부어 댄다는 것은 자살행위와도 같다.

　그런데 이런 사람들은 자신이 한 일이 잘못이라는 걸 모른다. '남이 하면 스캔들이며 자신이 하면 사랑'이라는 이율배반적인 그릇된 논리에 빠져 자신의 잘못을 모르는 것이다. 지각이 있는 사람이라면 이러한 우를 범하지 말아야 한다.

━━━━━ 마음에 새기면 좋을 인생 포인트 ━━━━━

중심이 바른 사람은 함부로 남을 비난하거나 함부로 대하지 않는다.
그것이 얼마나 무익한 일인지를 잘 아는 까닭이다.
그러나 중심이 바르지 못한 사람은 자신의 문제나 잘못된 것에 대해
잘 알지 못한다. 마음의 눈이 흐리기 때문이다.
자신을 잘 알고 올바르게 행하는 사람이 되어야 한다. 이런 사람이
진정으로 자신을 사랑하는 사람이다.

47

무심코 한 말은
자신을 옭아매는 올무다

사람들이 말하기를 초나라 사람은 원숭이에게 옷을 입히고
관을 씌었을 뿐이라고 하더니 그 말이 정말이구나.

한생

　　사람들 중엔 자신도 모르게 무심코 말을 내뱉는 사람들이 있
다. 상대의 못마땅한 말이나 행동에 대해 혼잣말로 중얼거리는
경우가 있다. 그런데 자신도 모르게 무심코 하는 말이 얼마나 위
험성을 담고 있는지에 대해서는 잘 모르거나 생각조차 하지 않
는다. 대개 이런 사람들은 습관화되어 있어 자신의 그런 사실조
차도 잘 모른다. 무심코 하는 말이 얼마나 위험성을 안고 있는지
에 대해 잘 알게 하는 이야기이다.

　　진秦나라의 시황제가 죽자 진승이 난을 일으켰다. 그러자 여
기저기서 자신들의 세력을 규합해 들고 일어났다. 나라는 사분

오열되고 밤낮으로 피비린내를 풍기며 서로를 공격했다.

그런데 이때 천하호걸 항우項羽가 등장함으로써 하나씩 하나씩 패퇴시키고 막강한 힘을 과시했다. 그 어느 누구도 항우의 적수가 되지 못했지만 단 한 사람 패현 출신의 건달이었던 유방劉邦만이 항우의 적수로 남았다. 유방에게는 한나라 건국 3걸로 불리는 장량과 소하, 한신이 있었다. 하지만 유방은 아직 항우의 적수가 되지 못했다. 유방이 진나라의 도읍 함양을 먼저 차지했지만, 이를 알고 뒤늦게 도착한 항우에게 함양을 내주고 도망치듯 쫓기어 갔다.

항우는 이미 항복한 진왕 자영을 처형하고, 학살을 일삼고 궁궐을 불태우는 등 온갖 만행을 저질러 그에 대한 백성들의 감정이 좋지 않았다. 항우는 기고만장해서 자신 위에는 사람이 없다며 온갖 만행을 저질렀다. 그 어느 누구도 그에게 진언을 하는 이가 없었다.

항우 밑에는 한생이란 이가 있었다. 그는 간의대부로 항우를 보필했다. 항우는 함양이 맘에 들지 않아 자신의 고향인 팽성으로 도읍을 옮기겠다고 말했다. 그러자 한생이 말했다.

"관중은 산과 강으로 가로막혀 있는 천혜의 요새이자 비옥한 땅이 있는 곳입니다. 이곳을 도읍으로 하여 천하를 제패하는 것이 좋을 듯합니다."

이에 항우는 버럭 화를 내며 말했다. 그는 고향으로 돌아가 출

세한 자신을 자랑하고 싶었던 것이다.

"지금 길거리에서 떠도는 노래를 들어 보니 그 내용이 '성공하고도 고향으로 돌아가지 못하면 비단옷을 입고 밤길을 다니는 것과 무엇이 다르리'라고 하던데 이것은 바로 나를 두고 하는 노래가 아니겠느냐. 어서 속히 길일을 잡고 도읍을 팽성으로 옮기도록 하라."

이 말을 들은 한생은 한 치 앞을 내다보지 못하는 항우가 미련스러웠다. 그래서 자신도 모르게 중얼거렸다.

"사람들이 말하기를 초나라 사람은 원숭이에게 옷을 입히고 관을 씌웠을 뿐이라고 하더니 그 말이 정말이구나."

한생이 무심코 한 말을 들은 항우는 크게 분노하여 말했다.

"무어라. 저놈이 감히 나를 능멸하다니. 지금 당장 저놈을 끓는 기름 속에 넣어 죽여라."

항우의 명령에 따라 한생은 펄펄 끓는 기름 솥에 던져져 죽임을 당하고 말았다.

자신도 모르게 중얼거리다 비참하게 최후를 마친 한생의 일화는 많은 것을 시사한다. 자신도 모르게 습관처럼 하는 말이 아무리 옳을지라도 칼날이 되어 자신의 목을 겨눈다는 사실을 잊어서는 안 된다.

"낮말은 새가 듣고 밤말은 쥐가 듣는다"라는 속담도 있듯 언제 누가 무심코 던진 자신의 말을 듣게 될지 모른다. 항상 말을 조심해야 한다. 자신의 말이 설령 옳다 하더라도 무심코 던진 한 마디의 말이 화살이 되어 자신에 돌아오게 됨을 조심 또 조심해야 한다.

마음에 새기면 좋을 인생 포인트

무심코 하는 말은 무의식중에 하는 경우가 많다.
그런데 이때 하는 말이 자신에게 치명적으로
영향을 끼칠 때가 종종 있다.
습관처럼 혼잣말하는 것 또한 마찬가지다.
항상 이를 조심해야 한다.
그렇다. 낮말은 새가 듣고 밤말은 쥐가 듣는 법이다.
이를 늘 마음에 새겨 경계하라.

48

함부로 말하고 행동하다
왕후의 자리를 놓치다

당신은 어쩌면 내 마음을 그렇게 몰라요.
어떨 땐 내가 사람이 아닌 목석하고 사는 것 같다니까.

유게니

사랑하는 남녀 사이라 할지라도 말을 함부로 하거나 행동하는 것을 절대로 금해야 한다. 함부로 하는 말과 거친 행동이 사랑하는 사람을 실망시키게 됨으로써 둘 사이에 문제가 야기될 수 있기 때문이다.

'사랑하는 사람이니까 내가 하고 싶은 대로 해도 되겠지'라는 인식이 은연중 깔려 있다. 이미 그는 내 사람이니까, 하는 생각이 마음 깊이 고정되어 있는 까닭이다. 그러나 그것은 불행을 자초하는 원인이 된다.

프랑스의 영웅 나폴레옹 보나파르트의 조카인 나폴레옹 3세는 절세미인으로 소문난 유게니와 결혼했다. 예나 지금이나 미인을 얻은 남자는 마치 능력이 있어 보인다. 나폴레옹 3세 역시 이런 생각에 빠져 있었다.

그런데 그의 환상은 오래지 않아 깨지고 말았다. 나폴레옹 3세 아내는 잔소리꾼에다 바가지 긁기가 이만저만이 아니었다.

"아니, 당신은 무슨 남자가 그래요?"

"그게 무슨 말이오?"

"당신은 어쩌면 내 마음을 그렇게 몰라요. 어떨 땐 내가 사람이 아닌 목석하고 사는 것 같다니까."

유게니는 남편이 조금이라도 자신의 뜻에 맞지 않으면 사람이 있든 없든 자신이 하고 싶은 대로 말하고 행동했다.

그런데 더한 것은 자신은 남편이 자신의 뜻대로 해주길 바라면서 자신은 남편의 말을 도통 귀담아 듣지 않는 제멋대로의 여자였다. 그러다 보니 아무리 나폴레옹 3세라 할지라도 견뎌낼 재간이 없었다. 그녀는 아름다웠으나 마음씨가 아주 고약했던 것이다. 참다못한 나폴레옹 3세는 유게니와 헤어질 것을 결심을 하고 경직된 표정으로 유게니에게 말했다.

"우리 서로 갈라섭시다."

남편의 뜻밖의 말에 유게니는 놀라서 말했다.

"그게 무슨 말이에요? 난 그럴 수 없어요."

"아니요. 난 이미 결심했어요. 당신이 아무리 아니라고 해도 내 마음은 이미 당신을 떠났어요."

나폴레옹 3세는 단호하게 말했다. 남편의 확고한 결심에 유게니는 그의 마음을 돌이키려 했으나 이미 때늦은 뒤였다. 결국 둘은 갈라서고 말았다.

유게니는 심한 잔소리에다 나폴레옹 3세의 말을 귀담아 듣지 않아 결국 남편은 유게니를 왕후로 만들지 않았다. 그들의 불행한 결혼생활은 유게니가 자초한 것이다.

"나는 차라리 잘 알려지지 않았다고 해도 나의 사랑과 존경심을 이해할 줄 아는 소박한 여자를 원한다."

나폴레옹 3세는 얼마나 유게니로부터 시달렸는지 그녀와 헤어지고 난 뒤 이렇게 말했다.

사랑하는 연인이든 부부든 최소한의 예의를 갖춰야 한다. 어떤 남자들을 보면 자신의 아내를 "야, 이게 뭐야?"하고 말하는가 하면 "야, 너는 대체 집에서 하루 종인 뭘 했기에 이런 것 하나 안 해 놨냐?"하고 말하곤 한다. 남이 들으면 완전히 자신의 애한테 하는 말투다.

남편으로부터 이런 말을 들은 아내는 심한 모욕감이 들 것이다. 반대로 아내로부터 이런 말을 듣는 남편 역시 마찬가지일 것이다. 사랑하는 사람일수록 말을 아껴서 해야 한다. 그것이 사랑하는 사람에 대한 예의이자 자신에 대한 사랑이다.

가까운 사람이나
사랑하는 사이일수록 말과 행동을
함부로 해서는 안 된다.
작은 가시가 온몸을 곪게 하듯
자칫 불행의 원인이 되기 때문이다.

말이나 작은 행동도
항상 조심 또 조심해야 한다.
그것이 오래가는 사랑을 만드는
행복의 씨앗이 되기 때문이다.

잘못한 한마디의 말은
상대의 믿음을 저버린다

수술을요? 아니요, 안 받겠습니다.
만일 당신한테 수술을 받으면 나는 죽게 될 겁니다.

어떤 환자의 말

상대에게 믿음을 주는 말은 상대로부터 자신을 신뢰받게 한다. 그러나 상대에게 잘못한 말 한마디는 상대의 믿음을 져버린다. 말을 잘하면 자다가도 떡이 생기고, 천 냥 빚도 갚고, 벼슬도 얻는다.

그러나 잘못한 한마디 말은 다 된 밥에 재를 뿌리고, 자기 목에 칼이 되어 겨누고, 행복을 저 멀리 쫓아버리고 슬픔과 고통의 먹구름이 되게 한다. 세 치의 혀에서 나오는 말은 역사를 바꾸고, 인생을 바꾸고, 삶의 가치를 바꾸고, 이 세상을 완전히 변화시킬 수도 있다. 말을 어떻게 하느냐에 따라 삶이 바뀌고 인생이 바뀐다.

기쁨을 주는 말, 용기를 주는 말, 행복을 주는 말은 하면 할수록 자신을 복 되게 하지만, 잘못한 한마디 말은 자신을 불행으로 몰고 간다.

어떤 의사가 있었다. 의사는 자신이 맡은 환자를 진료한 후 자신의 소견을 말했다.

"단순한 치료만으로는 회복이 어려우니, 수술을 하는 것이 좋겠습니다."

그러자 환자는 대뜸 이렇게 말했다.

"수술을요? 아니요, 안 받겠습니다. 만일 당신한테 수술을 받으면 나는 죽게 될 겁니다."

"그게 무슨 말입니까? 나한테 수술을 받으면 죽게 된다니요?"

의사는 불쾌한 감정을 자제하며 말했다.

"어쨌든 나는 당신에게는 수술을 받고 싶지 않습니다."

"알았습니다. 그럼 지금 퇴원을 하셔도 좋습니다."

의사는 이렇게 말하며 그를 퇴원시켰다. 이 이야기를 듣게 된 어느 젊은 의사가 그에게 물었다.

"선생님, 그때 왜 환자를 수술하지 않고 퇴원을 시키셨는지요?"

"그가 내게 수술을 받으면 자신이 죽을지도 모른다고 해서였네. 그게 이유일세."

"네, 그랬군요."

젊은 의사는 이렇게 말하며 고개를 끄덕였다.

그런 환자는 수술을 한다고 해도 실패할 확률이 높다. 부정적인 마음을 갖고 수술을 받으면 좋은 결과를 내지 못할 수도 있기 때문이다. 의사는 한마디 잘못한 말이 사람에게 미치는 영향이 얼마나 큰지를 잘 알았던 것이다.

많은 의사들은 하나같이 말한다.

"살 수 있다는 믿음을 가지면 아무리 힘든 수술도 성공할 수 있다. 하지만 사소한 수술도 믿음을 갖지 않으면 실패할 수도 있다."

옳은 말이다. 믿음은 참으로 중요하다. 믿는다고 하는 것은 긍정이다. 긍정의 에너지는 힘이 세다. 그래서 놀라운 능력을 나타내는 것이다. 하지만 부정은 힘이 약하다. 그런 까닭에 할 수 있는 것도 실패를 하게 된다. 수술이 성공하려면 의사와 환자의 믿음과 신뢰가 하나로 닿아야 한다. 그랬을 때 기적도 만들어 낸다.

그렇다. 무슨 일을 할 땐 잘되기를 간절히 바라고 시작해야 한다. 그렇게 될 때 보이지 않는 힘이 크게 작용함으로써 잘될 수 있는 확률은 그만큼 높아지게 된다. 그 사람의 말은 그에게 있어 절대 권력이다. 모든 것은 말로 시인하는 대로 되는 법이기 때문이다.

말은 현실이 되기도 하고
공허한 허실이 되기도 한다.
현실이 되는 말은 긍정의 에너지가 가득하다.
그러나 허실이 되는 말은
부정의 에너지로 가득하다.

자신이 원하는 것을 얻고 싶다면
그 어떤 상황에서도 긍정적으로 말하고
적극적으로 실행하라.

50

세 치 혀로 위세를 부리다
그 혀에 눌려 인생을 끝내다

말도 내가 사슴이라면 사슴인 것이다.
그런데 감히 황제 앞에서 사슴이라며 날 능멸해!

조고

혀를 함부로 놀리다 자신의 인생을 망친 사람들에겐 몇 가지 특징이 있다. 첫째는 입에서 나오는 말이 비단결 같아서 그가 하는 말은 거짓이라도 믿게 되고, 둘째는 계략에 능통해서 사람들을 혀로 홀리게 하고, 셋째는 힘 있는 자의 비위를 맞추는 데에 있어서는 입에 혀같이 굴어 타의 추종을 불허하고, 넷째는 간사스럽고 거짓말에 능통해 사람들을 잘 속였으며, 다섯째는 결국엔 자기가 한 말로 인해 인생을 망친다는 것이다.

혀를 함부로 놀리는 사람은 꾀는 깊지만 혀는 바람처럼 가벼워 믿을 사람이 되지 못한다. "입만 살아서"라는 말이 있는데 이는 바로 혀를 함부로 놀리는 사람을 두고 하는 말이다.

진시황제에게는 환관 조고라는 간신이 있었다. 그는 한마디로 간신 중에 간신이었다. 조고는 시황제가 죽자 황제의 유서를 조작했다. 조고는 시황제의 장남 부소와 사이가 좋지 않아 그가 황제가 되면 숙청을 당할까 봐 유서를 조작하여 진시황의 열여덟째 아들 영호혜를 부추기어 형 부소를 죽이고 공신들도 죽이고 황위를 찬탈케 했다.

조고의 사악함이 얼마나 큰지를 잘 알게 하는 이야기이다. 그는 진시황이 죽자 자신에게 불만을 갖고 있는 신하를 가려내기 위해 사슴을 한 마리 끌고 와서는 황제 호혜에게 말했다.

"황제 폐하, 여기 좋은 말 좀 보시옵소서."

"아니, 그건 사슴이 아니요?"

조고의 너무나도 터무니없는 말에 호혜는 고개를 갸웃거리며 말했다. 그러자 조고는 신하들에게 "저게 말이요, 사슴이요?" 하고 물었다. 그러자 조고가 두려운 신하는 말이라고 했고, 몇몇은 사슴이라고 말했다.

"말도 내가 사슴이라면 사슴인 것이다. 그런데 감히 황제 앞에서 사슴이라며 날 능멸해!"

조고는 이렇게 말하며 바른말을 한 신하들을 모두 죽이고 말았다.

권력을 손에 쥔 조고는 지금껏 함께 해왔던 이사를 죽이고 자신이 승상의 자리에 올랐다. 그리고 자신의 꼭두각시놀음을 하던 황제 호혜를 죽이고 말았다. 그 후 조고는 억울하게 죽은 황태자 부소의 장남 영자영을 황제의 자리에 오르게 했지만, 조고의 모든 만행을 알고 있던 영자영은 그를 죽이기 위해 여러 장수들과 힘을 모아 황제 즉위식 전에 자객을 보내 조고와 그의 가문을 모두 말살함으로써 환관 조고의 만행은 종지부를 찍었다.

영자영은 아버지 원수인 조고를 죽임으로써 복수를 했지만, 그 또한 반란을 일으킨 항우에 의해 죽임을 당하고 말았다.

간신 중에 간신 조고는 환관의 본분을 잊고 세 치 혀를 내세워 진나라를 쥐고 흔들어댔다. 그의 세 치 혀에 진나라는 놀아났고, 수많은 충신들은 목숨을 잃었다.

조고는 황제 영호혜를 쥐락펴락하며 국정을 농단했고, 그마저 무능한 황제라 하여 죽이고 말았다. 간신 하나가 혀 하나로 온 나라와 백성들을 도탄에 빠지게 했던 것이다. 하지만 그는 세 치 혀를 잘못 놀린 죄로 죽임을 당함으로써 자신의 만행을 끝내고 말았다.

거짓과 위선으로 가득 찬 세 치 혀는 모두를 곤경에 처하게 하고 스스로에게 씻을 수 없는 상처를 준다. 세 치 혀를 늘 조심하고 조심해야 한다.

모든 재앙은
세 치 혀에서 온다.
잘못 놀린 세 치 혀는 자신은 물론
주변 사람들을 곤경에 처하게 한다.
말은 바로 해야 하고 행동 또한 발라야 한다.

항상 언행에 조심
또 조심해야 뒤탈이 없는 법이다.

사람을 분노하게 하는 비판
사람을 행복하게 하는 격려

야, 너는 어떻게 맨날
좋은 점은 하나도 얘기 안 하고
감정 상하는 말만 해대냐!

비평을 받은 학생의 말

사람은 누구나 자신에 대해 비판하는 것을 싫어한다. 이는 남녀노소 할 것이 없이 공통된 심리이다. 비판이 사람을 분노하게 하는 것은 자존심을 상하게 하기 때문이다. 자존심이 상하게 되면 설령 그 비판이 옳은 것이라 할지라도 귀에 들어오지 않는다. 비판의 문제점에 대해 탁월한 자기계발 전문가인 데일 카네기는 이렇게 말했다.

"비평은 무익한 것이다. 그것은 사람을 방어하도록 만든다. 그리고 그가 스스로를 합리화하도록 만든다. 그래서 비평은 위험한 것이다. 왜냐하면 그것은 사람의 자존감을 상하게 하고, 감정을 해치고, 분개심을 일으키게 하기 때문이다."

카네기의 말에서 보듯 비판은 위험성을 안고 있다.

비판의 순기능은 비판을 통해 잘못된 것을 개선하여 발전하는 데 있지만, 이는 어디까지나 이론적인 것에 불과하다. 실제에 있어서 비판은 인간관계를 깨뜨리는 무익한 것이다.

미국의 어느 대학에 두 개의 문학 서클이 있었다. 한 문학모임은 합평회를 중심으로 하는 문학모임이었다. 합평회란 각자가 쓴 작품에 대해 서로가 비평하는 것으로, 비평을 통해 잘못된 것을 고침으로써 발전적인 글쓰기를 위한 것이다. 합평회 문학모임의 화원들은 누구보다도 글을 잘 쓴다는 학생들이었다.

어느 날이었다. 그날도 합평회로 모임을 가졌다. 그런데 그만 문제가 터지고 말았다. 한 학생이 자신의 작품을 비평한 회원에게 불만을 터트린 것이다.

"야, 너는 어떻게 맨날 좋은 점은 하나도 얘기 안 하고 감정 상하는 말만 해대냐!"

"나는 내가 본 관점에 대해 사실대로 얘기했을 뿐이야."

비평한 회원은 친구의 감정엔 아랑곳하지 않고 이렇게 말했다.

"뭐라고? 사실대로 밀했을 뿐이라고? 인마, 너나 잘해. 시노개 같이 쓰면서 누구한테 막말이야."

비평을 받은 학생은 열이 뻗쳐 자신 또한 막말을 쏟아냈다.

"야, 너 말 다 했어?"

비평을 가한 친구 또한 화가 나서 말했다.

"그래, 다 했다. 어쩔 건데?"

"이 자식이 정말?"

비평을 가한 회원은 자신이 먼저 비평을 하고도 자신이 비평을 받자 자신의 책을 그에게 집어 던졌다. 그러자 비평을 당한 회원은 그에게 달려들어 주먹으로 그를 강타했다. 회원들이 뜯어말려 가까스로 큰 싸움은 피했지만 상한 감정은 쉬 가시지 않았다.

또 다른 문학모임은 합평회 모임과는 정반대였다. 나쁜 점은 말하지 않고 좋은 점만 말하면서 서로를 격려해 주었다. 이 문학모임은 좋은 점을 격려하고 칭찬함으로써 늘 화기애애했다.

대학을 졸업하고 그 두 모임의 학생들은 각자 자신의 길을 갔다. 세월이 흐른 뒤 놀라운 일이 벌어졌다. 합평회 문학모임 출신들보다 좋은 점을 격려했던 문학모임의 출신들이 더 작가로서 성공했다는 사실이다.

이 일을 통해 대학 당국을 비롯한 그 일에 대해 알고 있는 사람들에게 격려가 비평보다 한 사람이 발전하는 데 있어 얼마나 긍정적인 영향을 주는지를 확실하게 보여주었다고 한다.

이 이야기에서 보듯 비평은 사람들의 감정을 자극할 뿐 큰 도움이 되지 않는다. 아무리 비평에 대해 긍정적인 생각을 가진 사람도 자신을 비평하면 기분 나빠한다. 이것이 비평이 지닌 모순이다. 하지만 칭찬과 격려는 매우 긍정적으로 작용한다.

그렇다. 나쁜 점은 굳이 말하지 않고 좋은 점만 말해도 얼마든지 발전하는 데 문제가 없다. 되도록 비판은 삼가고, 칭찬하고 격려하는 삶을 습관화해야 하겠다.

───────── 마음에 새기면 좋을 인생 포인트 ─────────

비판은 사람을 분노하게 하지만 칭찬과 격려는 사람을 행복하게 한다. 또한 비판은 어리석은 사람이 하나, 칭찬과 격려는 지혜로운 사람이 한다.

그렇다. 자신을 지혜롭게 하고 싶은가. 그렇다면 방법은 간단하다. 어리석음을 멀리하고, 칭찬과 격려의 말을 아끼지 마라.

부록

"

말에 대한 명언 52

"

01

통하는 대화의 비결은 간단하다.

상대방이 말할 때 주의 깊게 듣는 것이 중요하다.

_ 찰스 W. 엘리엇

02

성공의 비결이 있다면 그것은 남의 입장에 설 줄 아는 지혜이다.

그리고 자신의 입장처럼 남의 입장을 이해한 다음

매사를 객관적으로 처리하는 것이다.

_ 헨리 포드

03

많은 사람들이 좋은 첫인상을 주지 못하는 것은

상대방의 말을 정중하게 들을 줄 모르기 때문이다

_ 아이작 F. 마커슨

04

비평은 무익한 것이다.

그것은 사람을 방어하도록 만든다.

그리고 그가 스스로를 합리화하도록 만든다.

그래서 비평은 위험한 것이다.

왜냐하면 그것은 사람의 자존감을 상하게 하고,

감정을 해치고, 분개심을 일으키게 하기 때문이다.

_ 데일 카네기

05

사람들에게 열성을 심어주는 수단은
나의 제일가는 재산이라고 생각한다.
사람들에게 최선을 다하게 하는 것은
마음을 열고 진정으로 격려하고 칭찬하는 것이다.
그러나 사람의 능력을 죽이는 것은 비난하고 지배하려는 것이다.
나는 누구도 비평하지 않는다.
나는 성심성의로 상대방을 인정한다.

_ 찰스 스왑

06

상대방의 말을 주의 깊게 들어야 한다는 것을 잘 알고 있지만, 실제
에 있어 그렇게 하기란 쉽지 않다. 중요한 협상을 할 때는 더더욱 그
러하다. 그러나 상대방의 말을 집중해서 듣는다면 상대방의 생각의
흐름을 이해할 수 있고 상대방의 감정까지 알 수 있으며 무슨 말을
할 것인지도 짐작할 수 있다. 그리고 상대방은 자신의 말을 잘 듣고
있다고 믿어 만족하게 된다. 자기의 말을 잘 듣고 있다는 느낌을 상
대방에게 가지게 하는 것이 가장 실속 있는 대화법이므로 이를 잘
활용할 필요가 있다.

_ 로서 피셔

07

만일 당신이 논쟁, 언쟁, 반박을 하면 흔히 승리를 거둘 수 있다.
그러나 그것은 무익한 것이다.

당신은 상대방의 호의를 절대로 받을 수 없기 때문이다.

_ 벤저민 프랭클린

08

"아니오"라는 대답은 가장 극복하기 어려운 핸디캡이다. 만일 누군가가 "아니오"라고 말했다면 그는 자부심으로 인해 계속 그 상태에 머물기를 고수할 것이다. 그리고 나중에 "아니오"라는 말이 잘못된 것을 알아도 그는 자신의 자존심 때문에 그것을 고수하는 우를 범할 것이다. 사람은 일단 무슨 말을 해버리면 그것을 계속 주장하려는 심리를 갖고 있다. 그러므로 우리는 매사를 긍정적인 방향으로 지향하는 것이 가장 중요하다는 것을 알아야 한다.

_ 해리 A. 오버스트리트

09

상대에게 '예스'를 이끌어 내라.
상대가 '예스'라고 응답하면
의사소통이 원만하게 이루어진다.

_ 아소 겐타로

10

사람은 누구나 존경해 주면 쉽게 다가갈 수 있다.
즉 어떤 능력에 대해서 존경심을 보여주면
당신의 말을 잘 듣게 될 것이다.

_ 사무엘 보크레인

11

상대방의 관심을 본질로 향하게 하는 데는 세 가지 방법이 있다. 첫째는 내가 할 수 있는 일을 생각해 보아야 한다. 그것은 우선 솔선해서 입장이 아닌 문제의 본질로 목표를 좁히는 일이다. 한쪽에서 이 방법을 채택하게 되면 다른 쪽에서도 그것을 채택하게 된다. 그리고 이해관계나 여러 방안 중에서 선택하는 방법이나 기준 등에 관해 토의할 마음이 생기게 되면 교섭을 성공시킬 수 있다. 만일 상대방이 끝까지 비상식적으로 굴면 제2의 방법을 사용해야 한다. 즉 상대방의 관심을 역이용하는 것이다. 이를 유도형 협상술이라고 한다. 그리고 제3의 방법은 제3자의 역할에 초점을 맞추는 것이다. 그런데 문제는 제3자의 역할을 하는 사람이 토의에 능란하고 숙련되어야 한다는 것이다.

_ 윌리엄 유리

12

입과 혀라는 것은 화와 근심의 문이요,
몸을 죽이는 도끼와 같다.

_ 명심보감

13

군자는 말이 행함보다
앞서는 것을 부끄러워한다.

_ 공자

14

 내뱉는 말은 상대방의 가슴속에
수십 년 동안 화살처럼 꽂혀있다.
　_ 롱펠로우

15

인간은 입이 하나 귀가 둘이 있다.
이는 말하기보다 듣기를 두 배 더 하라는 뜻이다.
　_ 탈무드

16

믿음이 있는 말은 아름답지 않고
아름다운 말은 믿음이 없다.
　_ 노자

17

험담은 세 사람을 죽인다.
험담하는 자, 험담의 대상자, 듣는 자이다.
　_ 미드라쉬

18

네가 한 언행은 너에게로 돌아간다.
즉 선에는 선이 돌아가고 악에는 악이 돌아간다.
　_ 맹자

19

입은 화의 문이요, 혀는 이 몸을 베는 칼이다.
입을 닫고 혀를 깊이 간직하면
몸 편안히 간 곳마다 튼튼하다.

_ 전당서全唐書

20

가장 곤란한 것은 모든 사람이 생각하지 않고
나오는 대로 말하는 것이다.

_ 알랭

21

경쟁심이나 허영심이 없이 다만 고요하고
조용한 감정의 교류만이 있는 대화는 가장 행복한 대화이다.

_ 라이너 마리아 릴케

22

말을 많이 한다는 것과 잘한다는 것은 별개이다.

– 소포클레스

23

부드러운 말로 상대방을 설득하지 못하는 사람은
위엄있는 말로도 설득하지 못한다.

_ 안톤 체호프

24

말이 남에게 거슬리게 나가면
역시 거슬린 말이
자기에게 돌아온다.

_ 대학

25

다정하고 조용한 말은 힘이 있다.

_ 랄프 왈도 에머슨

26

어떠한 충고일지라도
길게 말하지 말라.

_ 호라티우스

27

훌륭한 말은 훌륭한 무기이다.

_ 토머스 풀러

28

작은 일에 거창한 말을
사용하는 습관은 피해라.

_ 사무엘 존슨

29

자신이 많이 가지고 있다고 해서

자신보다 훨씬 덜 가진 사람들에 대해

쉽게 말해 버리는 사람들보다

더 우스꽝스러운 것은 없다.

_ 제인 오스틴

30

남의 말을 경청하는 사람은

어디서나 사랑받을 뿐 아니라

시간이 흐르면 지식을 얻게 된다.

_ 윌슨 미즈너

31

말하는 것은 지식의 영역이며 경청은 지혜의 특권이다.

_ 올리버 웬델 홈스

32

침묵하라.

아니면 침묵보다 더 가치 있는 말을 하라.

쓸데없는 말을 하지 마라.

많은 단어로 적게 말하지 말고

적은 단어로 많은 것을 말하라.

_ 탈무드

33 _____

사람이 깊은 지혜를
갖고 있으면 있을수록
자기의 생각을 나타내는 말은
더욱더 단순하게 되는 것이다.

_ 레프 톨스토이

34 _____

사람의 인격은 먼저 말에서부터,
다음에는 행실에서 드러난다.

_ 메난드로스

35 _____

남의 입에서 나오는 말보다도
자기의 입에서 나오는 말을
잘 들어야 한다.

_ 탈무드

36 _____

시간은 흘러 없어지지만,
한번 뱉은 말은
영구히 남는다.

_ 레프 톨스토이

37

나의 무한의 나라는 사고思考다.
그리고 나의 날개 있는 도구는 말이다.

_ 프리드리히 실러

38

말은 행동의 거울이다.

_ 솔론

39

거칠고 독살스러운 말은
그 근거가 약한 것을 시사한다.

_ 빅토르 위고

40

사람은 누구나
그가 하는 말에 의해서 그 자신을 비판한다.
원하든 않든 간에 말 한마디가
남 앞에 자기의 초상을 그려 놓는 셈이다.

_ 랄프 왈도 에머슨

41

내가 아는 가장 성공적인
사람들의 대부분은

말하기보다는

더 많이 듣는 이들이다.

_ 버나드 바루크

42

과장에는 과장으로 대처하라.

재치 있는 말은

상황과 경우에 따라 사용되어야 하며

이것이 바로 지혜의 힘임을 알라.

_ 발타자르 그라시안

43

대화는 당신이 배울 수 있는 기술이다.

그건 자전거 타는 법을 배우거나 타이핑을 배우는 것과 같다.

만약 당신이 그것을 연습하려는 의지가 있다면,

당신은 삶의 모든 부분의 질을 급격하게 향상시킬 수 있다.

_ 브라이언 트레이시

44

멋진 말을 하기는 쉽다.

하지만 남을 헐뜯지 않기 위해서는 침묵만 필요하며

이는 비용이 전혀 들지 않는다.

_ 존 틸럿슨

45

말이 가벼운 사람은 책임을 지지 않는다.

_ 맹자

46

아는 것을 안다 하고 모르는 것을
모른다 하는 것이 말의 근본이다.

_ 순자

47

계속해서 "나는 할 수 있다"라고
스스로에게 말하면
말은 놀라운 힘을 발휘한다.

_ 존. 에릭슨

48

말에 대해 묵상하라.

_ 우파니샤드

49

말이 있기에 사람은 짐승보다 낫다.
그러나 바르게 말하지 않으면 짐승이
그대보다 나을 것이다.

_ 사아디 고레스탄

50

남에게 또 남의 일에 대해서 말을 삼가라.
폭풍을 일으키는 것은 가장 조용한 말이다.

_ 필딩

51

신이 인간에게 한 개의 혀와

두 개의 귀를 준 것은

말하는 것보다 타인의 말을

두 배 많이 들으라는 이유에서이다.

_ 에픽테토스

52

말이란 그 사람의 마음과 인격을 알리는 것이다.

_ 발타자르 그라시안